AF377234

ORAISON FUNÈBRE

DU

PRINCE IMPERIAL

PAR

SON EMINENCE LE CARDINAL

Henri-Édouard MANNING

ARCHEVÊQUE DE WESTMINSTER,

DANS L'ÉGLISE DE SAINTE-MARIE DE CHISLEHURST,
LE 13 JUILLET 1879.

SEULE VERSION AUTORISÉE.

1re ÉDITION

VICTOR DAIREAUX, ÉDITEUR,

ANCIENNE MAISON HENRI GUÉRARD.

156, rue de Rivoli, 156

1879.

Toute reproduction est interdite.

ORAISON FUNÈBRE

DU

PRINCE IMPÉRIAL

Son Eminence le Cardinal Henri-Edouard MANNING,
Archevêque de Westminster.

ORAISON FUNÈBRE

DU

PRINCE IMPÉRIAL

PAR

SON EMINENCE LE CARDINAL

Henri-Édouard MANNING

ARCHEVÊQUE DE WESTMINSTER,

DANS L'ÉGLISE DE SAINTE-MARIE DE CHISLEHURST,
LE 13 JUILLET 1879.

SEULE VERSION AUTORISÉE.

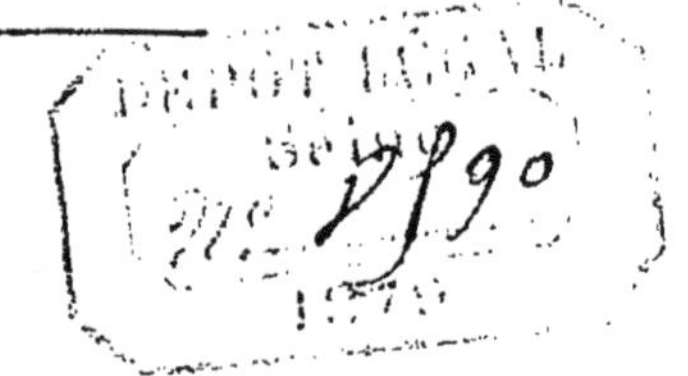

VICTOR DAIREAUX, ÉDITEUR,

ANCIENNE MAISON HENRI GUÉRARD.

156, rue de Rivoli, 156

—

1879.

Toute reproduction est interdite.

ORAISON FUNÈBRE

DU

PRINCE IMPÉRIAL

> Vous ne comprenez pas maintenant ce que je fais; mais vous le comprendrez dans la suite.
>
> (SAINT JEAN, XIII, 7.)

Depuis que la mort est entrée dans le monde, on a emporté les morts hors de leurs demeures, pour les mettre dans la tombe silencieuse et *ceux qui pleurent, ont marché par les rues* (1), en les y accompagnant.

Dans la longue succession des douleurs humaines, il s'est élevé des voix de sympathie et de lamentation par le monde; mais peut-être, n'avons-nous jamais rencontré une douleur, une sympathie plus vive, plus générale, que celle qui, hier, entourait ce cercueil. C'était une douleur pleine d'amour, une

(1) Ecclésiaste XII, 5.

douleur pure, généreuse, une douleur venant du cœur et de la part de plusieurs peuples, et qui montait au trône de Dieu.

C'est un mystère de la sagesse souveraine de Dieu, qu'un jeune homme si noble, si brave, si irréprochable, d'une intelligence si distinguée et si cultivée, aux manières si séduisantes, aux discours si attrayants, si humble dans sa dignité, si aimé de tous, soit venu se montrer un instant parmi nous, comme un rayon du soleil d'avril promettant une longue continuité brillante, pour disparaître aussitôt. C'est, dis-je, un mystère de la sagesse souveraine de Dieu ! Je ne sais comment l'expliquer, si ce n'est par les paroles de notre Divin Maître, lavant les pieds de ses disciples. Comme Pierre, s'y opposait, il lui dit : *Ce que je fais, vous ne le comprenez pas maintenant ; mais vous le comprendrez dans la suite.* Le jour viendra, où tout sera éclairci par cette lumière inaccessible, dans laquelle se trouvent voilés les mystères de Dieu. Tout sera manifesté lorsque nous nous trouverons face à face avec lui.

Je ne vous parlerai point aujourd'hui de ce monde, ni de ses événements et de ses tumultes. Il faut que nous élevions nos pensées et nos cœurs vers ce monde de clarté qui est éternel. Quel enseignement y trouverons-nous? A faire la volonté suprême de Dieu. Cette volonté de Dieu, c'est l'amour de Dieu guidé par sa sagesse ; un amour parfait et une sagesse parfaite, agissant ensemble comme agissent la lumière et la chaleur qui donnent la vie et le perfectionnement à ce monde.

Nous lisons dans l'évangile de saint Jean que Marie et Marthe, sœurs de Lazare, ayant envoyé dire à Jésus que leur frère se mourait ; *Celui que vous aimez est malade,* contrairement à toute attente humaine, Notre Seigneur resta deux jours où il était alors. Ce n'est pas de cette manière que nous aurions agi. Mais le Sauveur savait que par la mort de Lazare Dieu serait glorifié.

Voyons donc ce que nous enseigne cet événement : d'abord comment Dieu agit envers nous, et, ensuite, de quelle manière nous devons y correspondre.

Comment Dieu agit-il envers nous ? Il nous cache l'avenir ; nous ne savons pas aujourd'hui ce que nous serons, ou ce qui nous arrivera demain, et, même à cette heure, ce que nous serons, ou ce qui nous arrivera l'heure suivante.

Il n'y avait que Jésus, Fils de Dieu, qui pût porter le fardeau et le poids accablant de la connaissance de ce qui allait arriver. Lui seul, dans sa toute puissance, revêtu de notre humanité, voyait toute sa vie terrestre de 33 ans, son agonie au jardin des Olives, son angoisse sur la croix : oui, il a tout vu dès le commencement, dès le premier moment de son incarnation, et cependant il se chargea de tout jusqu'à la fin. Près de lui et avec un cœur qui battait à l'unisson du sien, sa mère bénie et immaculée, connaissait d'avance la passion de son divin Fils. Mère de douleurs, elle portait cette connaissance sans être ébranlée, s'appuyant sur la force que lui communiquait son Fils adorable. Mais personne autre que cette Mère et ce Fils, n'a pu voir d'avance et supporter un tel fardeau et un tel poids sans chanceler et tomber à la renverse.

Dans notre enfance nous ne savons rien de hier et de demain; nous vivons pour le moment. Hier est oublié et n'a pas de remords. Demain n'existe point encore. L'horizon nous barre la vue et nous ne savons pas ce qui va arriver; nous ne connaissons rien du monde, si ce n'est le matin et le soir, le lever et le coucher du soleil, la joie du toit paternel, les voix chéries et les visages gais de ceux qui nous entourent : les joies, les soucis de l'enfance, les voilà.

Après l'enfance arrive la jeunesse et alors, croissant en force nous croissons aussi en confiance en nous-mêmes. Nous connaissons l'énergie de notre volonté, et notre intelligence se précipite en avant. Nous regardons au-delà de l'horizon, et nous croyons que là, il y a un Paradis terrestre. Nous n'avons souffert jusqu'ici aucune douleur, aucune épreuve, aucun déplaisir. Nous avons vogué sur une mer calme et tranquille, et il n'y a pas de débris de naufrage sur ses bords. L'espérance domine tout, et la jeunesse, ne sachant pas ce qui doit arriver, est pleine de joie et de confiance. Mais, lorsque nous entrons dans une atmosphère de tempêtes, alors arrivent les premières épreuves, les premières illusions, les premiers châtiments, les premières maladies, les premières morts. La vie commence à se dépouiller de ses splendeurs, et des ombres viennent les voiler. Quand l'épreuve se présente, la force l'accompagne. Si nous l'avions prévue, nous n'aurions pas pu la supporter.

Repassez toute votre vie. Comptez tous vos malheurs et demandez-vous à vous-mêmes : Si j'avais prévu cela, aurais-je eu la force de le supporter? Aurais-je pu me tenir droit ayant un tel fardeau sur mes épaules? Dieu dans sa miséricorde, l'a caché à mes yeux parce qu'il savait que je ne pourrais pas le porter. Il me disait sans cesse : *Vous ne comprenez pas maintenant ce que je fais ; mais vous le comprendrez dans la suite.*

Dieu nous donne la force d'accomplir nos devoirs. Nul devoir n'est trop dur, nulle croix trop lourde, nulle tentation trop forte, nulle douleur insupportable. Au moment propice, vient la grâce et cette grâce est proportionnée à nos besoins. Et lorsque arrive la douleur, la force l'accompagne. Nous demandons la délivrance, comme l'Apôtre qui a prié trois fois afin de voir cesser ses afflictions ; mais il n'eût pas d'autre réponse que celle-ci : *ma grâce vous suffit, car ma puissance éclate dans la faiblesse* (1). Le Divin Sauveur lui-même, notre parfait modèle, dans son agonie au jardin de Gethsemani, sous l'ombre des Oliviers et à la pâle lueur de la lune pascale, se prosterna par trois la face contre terre en s'écriant : *Mon Père, si c'est possible que ce calice s'éloigne de moi ; néanmoins que votre volonté soit faite et non la mienne* (2).

(1) Cor. XII, 9.
(2) S. Mathieu, XXVI, 39.

Dieu nous traite de la même manière pour nous apprendre à mettre notre confiance en lui. Lorsque son peuple, dans le désert n'avait rien à manger, il faisait pleuvoir la Manne du Ciel ; mais il ordonna de n'en ramasser qu'une certaine quantité jour par jour et si cette quantité venait à être dépassée la manne se gâtait. Ainsi, il leur apprenait à mettre leur confiance en lui et non dans leurs propres prévoyances et dans leurs propres forces, par la raison qu'ils ne pouvaient rien faire pour eux-mêmes.

Dans cette prière que Notre Seigneur nous a enseignée : *Donnez-nous aujourd'hui notre pain quotidien,* nous demandons non seulement la nourriture du corps ; mais encore celle de l'âme, c'est-à-dire, la grâce par laquelle l'âme vit, la grâce de chaque instant par laquelle elle continue de vivre, et la grâce qui lui arrive au moment de la mort. Nous recevons chaque grâce dans sa saison et dans son temps et non par anticipation. La grâce, par laquelle nous vivons nous est donnée pendant la vie ; la grâce, pour la mort, viendra lorsque notre dernière heure aura sonné. Elle ne nous est pas donnée pour amasser ; elle se présentera lorsque nous en aurons besoin ; car notre Père Céleste veut que nous nous confions en lui. Il connaît le nombre des étoiles et les appelle par leur nom et pas un passereau ne tombe sur la terre sans Votre Père : *Ne craignez donc point ; vous valez beaucoup mieux qu'un grand nombre de passereaux.* (1).

(1) S. Mathieu, X, 31.

Vous avez été créé à son image, racheté par le sang précieux de son Fils, sanctifié par le Saint-Esprit. Il aime chacun de nous, il veille sur chacun de nous, il enseigne chacun de nous et il apprend à chacun de nous, à se confier en lui comme l'enfant se confie à son père.

Voilà le premier enseignement. De quelle manière devons-nous y correspondre ?

Nous y voyons que, avant tout, nous devons n'avoir aucune autre volonté que la sienne, que notre position fût-t-elle dans la joie ou dans la tristesse, n'est que la manifestation de la volonté de Dieu envers nous, que tout ce qui nous arrive il l'a ordonné et fait ; nous n'aurions pu que tout gâter. Dieu s'est occupé de notre état avec sagesse et avec amour ; nous défaisons et détruisons par nos contrariétés et par nos rébellions. Ce que la providence de Dieu nous donne, c'est donc la manifestation de la volonté divine à notre égard. Nous devons la recevoir au moins avec patience et sans irritation. Ceux qui s'irritent contre leur position se lient avec des chaînes de fer et de misère. Ils luttent contre l'inévitable, l'impossible, le Tout-Puissant ; car la volonté de Dieu est que vous soyez dans l'épreuve, et la position qu'elle donne ne peut en aucun cas être changée. En conséquence nous devons l'accepter avec patience. Mais cela ne suffit pas ; il faut de plus conformer notre volonté à celle de Dieu, en disant : *Que votre volonté soit faite et non la mienne.*

Je ne sais pas ce qui me serait avantageux. Vous l'avez ordonné. Je l'accepte, et à proportion que notre volonté se conforme à celle de Dieu, les chaînes tomberont, les portes de fer s'ouvriront devant nous et nous sortirons dans la liberté des enfants de Dieu.

La conformité de notre volonté à la volonté de Dieu, change tout en or. Chaque souffrance est un trésor réservé par nous pour l'éternité. Mais bien plus que cela, nous devons non seulement l'accepter ; mais encore louer et bénir Dieu pour tout ce qu'il a ordonné : *Je bénirai le Seigneur en tout temps....* en temps de joie et en temps de tristesse, en temps de santé et en temps de maladie, en temps de jouissance et en temps de désolation ; car je sais qu'il a ordonné le tout avec amour et sagesse et qu'il a promis qu'aucune épreuve ne serait trop forte pour être supportée, comme il le dit par son prophète : *Quand tu passeras à travers les eaux, je serai avec toi, et les flots ne te couvriront point. Quand tu marcheras dans le feu, tu ne seras pas brulé, et les flammes ne te toucheront pas.* (1).

Mais il faut que nous apprenions plus encore. Il faut apprendre à avoir pleine confiance en Dieu. Nous connaissons son amour, sa sagesse et sa bonté. Nous savons comment il s'est conduit envers nous au temps passé. Nous connaissons l'ensemble des perfections de Dieu ; nous l'avons expérimenté comme un ami connu depuis longtemps. Dans notre enfance, dans notre jeunesse et jusqu'à ce moment nous l'avons trouvé toujours le même. Lorsque nous

____

(1) Isaïe, XLIII, 2.

nous sommes approchés de lui, il nous a accueilli avec bienveillance. Il n'a jamais refusé ce que nous lui demandions, excepté quand l'obtention de la chose désirée eût été pour notre malheur. Nous le connaissons donc, comme dit l'apôtre : *je sais quel est celui à qui je me suis confié et je suis persuadé qu'il est assez puissant pour me garder mon dépôt jusqu'à ce jour*. (1).

Je connais mon divin maître. Je connais son amour, ses perfections infinies et ses rapports avec moi. Je sais de quelle manière il agit envers moi et je suis sûr de la certitude de la Foi et de l'Espérance, parce qu'il est Dieu et tout puissant, et qu'il en a la volonté parce qu'il est Dieu et conséquence tout amour, qu'il gardera ce que je lui ai confié, mon âme, mon bonheur, mon espérance, mon avenir pour le temps et pour l'éternité, jusqu'au jour où il reviendra. C'est dur de n'avoir d'autre volonté que celle de Dieu. C'est dur d'apprendre à être indifférent et de n'avoir de prédilection pour rien. Cependant, ceux qui conforment leur volonté à celle de Dieu et qui se confient en lui ne font aucun choix. Ils n'oseraient pas le faire. Ils savent que s'ils pouvaient choisir et arranger leur position, ce serait pour eux leur propre ruine et leur naufrage. Ils regretteraient le joug qui est nécessaire pour les humilier ; ils se débarrasseraient de la souffrance sans laquelle ils ne peuvent pas se sanctifier et ils écarteraient loin d'eux, la verge indispensable à

(1) II Tim, I, 12.

leur salut : *Car le Seigneur châtie celui qu'il aime et il frappe de verge tous ceux qu'il reçoit au nombre de ses enfants et si vous n'êtes pas châtiés, tous les autres l'ayant été, vous n'êtes pas des enfants légitimes.* (1).

Nous voyons que tout ce qui nous arrive vient de son amour et de sa sagesse. Nous savons que si nous venions à changer notre position, nous gâterions l'œuvre de Dieu pour notre salut éternel. Et si nous ne sommes pas indifférents ; si notre volonté résiste à la sienne, il y aura toujours en nous un tumulte d'impatience. Efforcez-vous d'atteindre le but et laissez à Dieu le choix des moyens. Visez à la vie éternelle et laissez à Dieu le choix du chemin pour y arriver. S'il vous conduit par le chemin de la joie et des splendeurs, que son nom soit béni, s'il vous conduit par le chemin des tribulations, ce sera plus sûr.

Dieu disposa toute chose pour vous : c'est un médecin d'une sagesse infinie : c'est un ami d'un amour sans limite. Il est dangereux pour nous de choisir. Ce qu'il y a de mieux, c'est de n'avoir aucune autre volonté que celle de Dieu.

Il y a donc une dernière vérité qui découle de tout ce qui précède. Si vous aviez à choisir ainsi que le Seigneur l'a proposé à l'un de ses saints, entre une vie de souffrance comme la sienne et une vie de jouissance, laquelle préféreriez-vous ? Si vous pouviez être sûr d'obtenir la vie éternelle, entourés de vos amis et au milieu de l'abondance des biens

(1) Hébreux, XII, 6-8.

de ce monde, sans croix et sans afflictions, préféreriez-vous cette vie à une vie de malheurs, à une
vie de pauvreté, à une vie de désolation comme la
sienne? Ne voudriez vous pas, si vous en avez le
courage, lui répondre : que ma vie, Seigneur, soit
comme la vôtre. Je voudrais faire quelque chose en
retour de tout ce que vous avez enduré pour moi.
Vous avez souffert des angoisses et l'agonie au Jardin et sur la Croix pour moi. Je vous ai affligé grand
nombre de fois et j'ai ajouté aux douleurs de votre
âme. Je ne puis vous donner une réparation adé-
quate ; mais si voulez accepter sur la terre une vie
de douleurs et de privations, qui est la plus sûre,
pouvant avoir la liberté du choix, je l'embrasserais
à cause de vous et pour votre amour.

Ces vérités sont très-élevées. J'ai dit en com-
mençant qu'il fallait nous transporter dans le monde
de la lumière ; *ce que vous ne comprenez pas maintenant ; vous le comprendrez dans la suite.* Nous
ne pouvons pas lire ces choses ; elles ressemblent
aux mots tracés sur les murs du festin, par une
main inconnue. Alors même que nous pourrions les
lire, nous ne les comprendrions pas. Laissons-le
donc pour ce monde de lumières où toute sera manifesté.

De même que dans un morceau de musique, le
thème revient et que nous finissons par les notes
du commencement, de même également, si nous
nous sommes éloignés quelques instants de notre
sujet, nous revenons à notre grande et poignante
douleur, et nous prions pour ce jeune et noble

Prince qui a disparu comme un rayon de lumière et que notre terre ne reverra plus.

J'ai déjà dit que c'était une douleur à laquelle prenaient part les nations et que peut-être, il n'y a jamais eu une sympathie plus pure, plus généreuse, plus désintéressée. Jamais en effet peut-être, les nations se sont réunies de cette manière, dans un même sentiment de douleur affectueuse et sympathique pour la pauvre mère restée seule, et de vénération pour le fils gisant dans son tombeau, plein d'honneur et de gloire. Partout où il y a un cœur généreux, là se trouvera la douleur; partout où il y a seulement un cœur chrétien, là pareillement se fera sentir la douleur; partout où il y a un cœur simplement humain, là aussi éclatera la douleur.

Je ne connais rien de plus touchant que la douleur et le respect de ces soldats anglais, ces hommes si forts et si robustes qui le portèrent dans sa tombe ou celle de ces rudes matelots anglais, mais dont le cœur est si tendre, qui montaient sur les mâts de leurs navires, la tête nue, en signe du plus profond respect pour le cadavre qui passait.

Oui, notre douleur est une noble douleur et j'ajouterai une douleur anglaise. La France pleure, mais l'Angleterre pleure aussi. Il était notre hôte. Il était plus que cela, il nous appartenait. Nous l'avions reçu chez nous; nous l'avions fait l'un de nous, par une hospitalité pleine de simplicité et d'amour. Il était comme l'un de nos princes et parmi les princes d'Angleterre, on pensera à lui et on le regrettera longtemps.

Hier les princes anglais entouraient son cercueil, et l'Angleterre même représentée par sa reine, soutenait la faiblesse de cette pauvre mère isolée dans sa solitude. Toutes les mères d'Angleterre se sont associées à cette douleur et combien parmi elles, ont perdu leur propre fils, dans cette guerre sauvage et cruelle ! La jeunesse d'Angleterre, elle-même, a été profondément émue. Des jeunes gens qui n'avaient jamais vu ce noble jeune prince, ont été touchés jusqu'aux larmes et son exemple leur a parlé éloquemment. Ses compagnons d'armes, eux-mêmes, s'étonnent de la pureté, de la sainteté et de la dignité de sa jeunesse.

Quant à moi, c'est une joie et une consolation dans un jour comme celui-ci, de pouvoir venir joindre à tant d'autres, ma propre sympathie. Je n'oublierai jamais la première et la dernière fois que j'ai vu le prince.

La première fois, ce fût à l'ouverture d'une nouvelle école pour les petits enfants pauvres de Londres. L'un de nos prêtres vénérables, avait eu la hardiesse, je ne sais comment, de l'y inviter. Rayonnant de cette sympathie qui s'allie si bien à la plus haute dignité, et de la douceur de cette véritable humilité qui vient d'un cœur catholique, il s'y transporta. Je le vois au milieu de ces pauvres petits, lui-même si jeune encore ; car il y a de cela quelques années, avec son beau sourire, sa voix si douce, les félicitant de leur jour de fête.

Jamais je n'oublirai cette scène touchante. C'était comme une vision ravissante qui s'est profondément gravée dans ma mémoire. Voilà pour la première fois.

Il y a un an que je l'ai vu la dernière fois. Il se trouvait dans une grande assemblée : hommes d'Etat, guerriers, administrateurs principaux de l'Empire de la Grande-Bretagne, pour les affaires de la guerre et pour celles de la paix, savants et littérateurs, tous étaient là. Il se leva au milieu d'eux : ses paroles intelligentes, admirablement choisies dans notre propre langue et la force de son éloquence, les intéressaient à tel point, que tous semblaient suspendus à ses lèvres. J'écoutais et je me disais : il y a dans ce jeune homme, quelle que soit sa carrière, une puissance qui entraînera et dominera les masses.

A présent, il est au royaume des cieux et tout ceci n'est qu'une vision terrestre. Lui-même nous a révélé ce que, autrement nous n'aurions jamais su. Après sa mort, les mains aimantes de ceux qui relevèrent son corps, ont trouvé sur lui un écrit de sa main. Qu'est-ce que c'est que cet écrit? Est-ce une prière à son père qui est dans les cieux? Est-ce une oblation à son divin Maître? Est-ce le sacrifice de lui-même? Rarement, ai-je vu des paroles plus édifiantes, ou qui montrent plus évidemment que son âme était guidée par l'esprit de Dieu. Cet écrit est plein du sacrifice de lui-même, de dévouement, de réparation. Il s'y offre pour ainsi dire en victime d'expiation : « châtiez-moi, disait-il, si quelqu'un doit être châtié! Me voici! » En pensant à ces paroles, je me suis dit : si jamais il y eût un fils de France, ce fût lui.

La France est un peuple formé de soldats et de prêtres. Les soldats sont revêtus du caractère sacerdotal, à cause de la foi qu'ils professent; les prêtres sont revêtus de courage martial, qui au lieu de craindre le martyre, le cherche. C'est cet esprit de soldat et de prêtre que l'on reconnaît dans cette prière (1).

Encore un mot et je vais terminer. J'ai parlé de la douleur des nations, de celle de l'Angleterre, de sa reine, de ses princes et de son peuple! Il est encore une autre douleur. Comment l'aborder!

Quel beau jour que celui de la naissance de ce jeune homme! Quelle joie pour sa mère! Et quelle joie encore plus grande, lorsque le vicaire de Jésus-Christ, le prît pour son filleul! Quel bonheur de le voir passer de l'enfance à la jeunesse! Quelle satisfaction! Quelle douceur! Si jamais fils méritât l'amour d'une mère, c'était lui! Si jamais mère aimât son fils, c'était elle! Quelle désolation! Toute seule!!! Non, elle n'est pas toute seule; car ceux qui croient ne sont jamais seuls : *Ils se sont approchés de la montagne de Sion; de la ville du Dieu vivant, de la Jérusalem Céleste, d'une troupe innombrable d'anges, de l'Eglise des premiers-nés qui sont écrits dans le ciel, de Dieu qui est le juge de tous, des esprits des justes qui sont dans sa gloire*

____

(1) Voyez cette *Prière* à la fin de l'Oraison Funèbre.

et d'une grande nuée de témoins toujours autour d'eux (1). La communion des saints, voilà leur demeure, voilà leur patrie.

De même que Marie, lorsque son divin Fils était au tombeau, attendait avec confiance sa glorieuse résurrection, la reconnaissance de l'identité personnelle, la restauration des liens de mère et de fils dans toute la perfection de l'amour filial et maternel, glorifiés dans l'éternité bienheureuse, de même aussi voilà la consolation de cette mère pleine d'angoisses. Dans cette lumière de gloire, le mystère de Dieu se manifestera en lettres claires et brillantes et l'on n'aura pas besoin d'interprètes : *Ce que je fais, vous ne le comprenez point maintenant ; mais vous le comprendrez dans la suite.* Nous n'avons pas longtemps à attendre. Les paroles que Jésus a dites, se répètent toujours : *Un peu de temps et vous ne me verrez plus; et encore un peu ce temps, vous me reverrez parce que je vais à mon père* (2), et en réalité, la vie la plus longue, n'est-elle pas qu'un tout petit moment!!!

(1) Hébreux, XII, 22, 23, 1.
(2) S. Jean, XVI, 16.

FIN DE L'ORAISON FUNÈBRE.

PRIÈRE DU PRINCE IMPÉRIAL

TROUVÉE DANS SON MISSEL.

Mon Dieu! je vous donne mon cœur, mais vous, donnez-moi la foi. Sans foi, il n'est point d'ardentes prières, et prier est un besoin de mon âme.

Je vous prie, non pour que vous écartiez les obstacles qui s'élèvent sur ma route, mais pour que vous me permettiez de les franchir.

Je vous prie, non pour que vous désarmiez mes ennemis, mais que vous m'aidiez à me vaincre moi-même, et daignez, ô Dieu! exaucer mes prières.

Conservez à mon affection les gens qui me sont chers. Accordez-leur des joúrs heureux. Si vous ne voulez répandre sur cette terre qu'une certaine somme de joies, prenez, ô Dieu! la part qui me revient.

Répartissez-la parmi les plus dignes, et que les plus dignes soient mes amis. Si vous voulez faire aux hommes des représailles, frappez-moi.

Le malheur est converti en joie par la douce pensée que ceux que l'on aime sont heureux.

Le bonheur est empoisonné par cette pensée amère : Je me réjouis et ceux que je chéris mille foisplus que moi, sont en train de souffrir. Pour moi, ô Dieu ! plus de bonheur. Je le fuis. Enlevez-le de ma route.

La joie, je ne puis la trouver que dans l'oubli du passé. Si j'oublie ceux qui ne sont plus, on m'oubliera à mon tour, et quelle triste pensée que celle qui vous fait dire : « Le temps efface tout ! »

La seule satisfaction que je recherche, c'est celle qui dure toujours, celle que donne une conscience tranquille.

O mon Dieu ! montrez-moi toujours où se trouve mon devoir ; donnez-moi la force de l'accomplir en toute occasion.

Arrivé au terme de ma vie, je tournerai sans crainte mes regards vers le passé.

Le souvenir n'en sera pas pour moi un long remords. Alors je serai heureux. Faites, ô mon Dieu ! pénétrer plus avant dans mon cœur la conviction que ceux que j'aime et qui sont morts, sont les témoins de toutes mes actions. Ma vie sera digne d'être vue par eux, et mes pensées les plus intime ne me feront jamais rougir.

Paris. — Imp. Ch. DUBOURG, rue du Cardinal-Lemoine, 41.